La fête foraine

Texte de Stéphanie Ledu
Illustrations d'Amandine Laprun

MILAN
jeunesse

Au Moyen Âge, de grandes **foires** se tiennent les jours de fête.
On y vend des vêtements, de la nourriture...

C'est aussi l'occasion de se distraire en admirant les **saltimbanques**. Les passants qui apprécient leurs numéros leur jettent quelques pièces !

Au fil du temps, la foire donne naissance à la **fête foraine**, où l'on va juste pour s'amuser.

En 1900, les enfants montent sur le **carrousel** de chevaux de bois. D'autres **attractions** étranges attirent la foule : qui veut essayer de battre cet hercule ? Qui veut voir une femme à barbe ? des puces savantes ?...

Aujourd'hui, les **forains** vont de ville en ville. Chaque année, ils reviennent pour quelques jours ou quelques semaines...

D'abord arrivent les **caravanes**, les maisons roulantes des forains.

Les camions qui transportent les grands manèges roulent de nuit, pour ne pas gêner la **circulation** !

Les **manèges** sont des sortes de robots : il faut les installer. Les plus hauts, comme la grande roue, demandent des jours de travail à plusieurs personnes.

Quand le **montage** est fini, un contrôle de sécurité est effectué. Tout est en ordre ? La fête peut commencer !

À la fête foraine, il y a des attractions pour toute la famille.
Et si on commençait par un **jeu d'adresse** ?

Les plus petits adorent
la **pêche aux canards**...

Au **chamboule-tout**, il faut faire tomber des boîtes disposées en pyramide. Bravo !

Un peu plus loin, des **stands** proposent de tenter sa **chance**.

En déroulant ces petits papiers, on découvre si on a gagné un **lot**.

Ici, on tire 5 ficelles. Chacune rapporte des **points** qu'on additionne. Selon le total obtenu, on remporte une énorme panthère… ou un tout petit ours rigolo.

Le **manège enfantin** a toujours beaucoup de succès.

La baleine est déjà prise ?
Tant pis, il reste le cochon ou l'hélicoptère !
Le forain ramasse les **tickets**...

En voiture ! En passant devant maman et papa, on leur fait coucou. Celui qui attrape le **pompon** gagne un tour gratuit.

Ces ballons remplis d'**hélium** volent tout seuls : attention à ne pas les lâcher !

Dans le **palais des glaces**, les gens se voient dans des miroirs déformants. Quelles drôles de silhouettes !

Les wagonnets des montagnes russes vont
à toute allure. Accélération, looping, chute vertigineuse...
Gare aux secousses ! La chenille des enfants,
elle, est moins rapide.

Qui veut faire un tour dans le **train fantôme** ?

Le parcours est plongé dans l'**obscurité**.
On entend des grincements, des Ooouuuh...
Soudain, des chauves-souris s'envolent,
un squelette surgit !

Les gens crient, mais rient aussi beaucoup,
car tout cela ne fait pas vraiment **peur**.

Mmm… de délicieuses odeurs
flottent dans l'air.

La confiserie propose des beignets,
des pommes enrobées de caramel durci…

... et de la **barbe à papa**.
Ce sucre filé enroulé sur un bâtonnet de bois est un peu collant... mais on a l'impression de manger un nuage !

Regarder les grands s'amuser, c'est aussi un **spectacle**.

Aux **autos tamponneuses**, ils se rentrent dedans. Boum !

D’autres manèges sont réservés aux amateurs de **sensations fortes**. On en ressort tout étourdi…

Pour finir cette balade à la fête foraine, montons dans la **grande roue**. De là-haut, on n'entend presque plus les musiques, les cris... Mais on voit tous les manèges et la ville, et les gens ne sont pas plus grands que des fourmis !

Découvre tous les titres de la collection

Mes P'tits DOCS

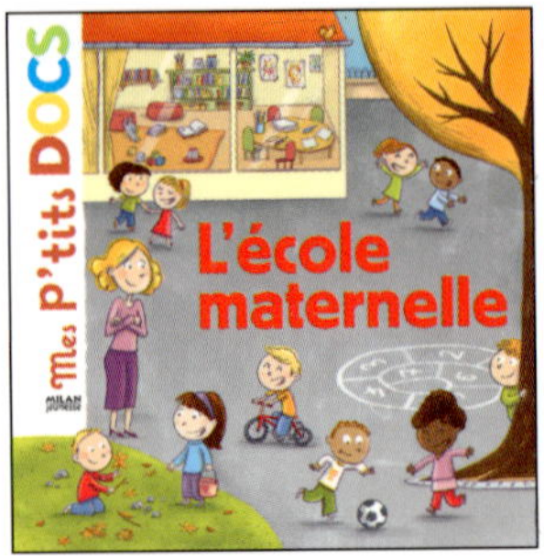

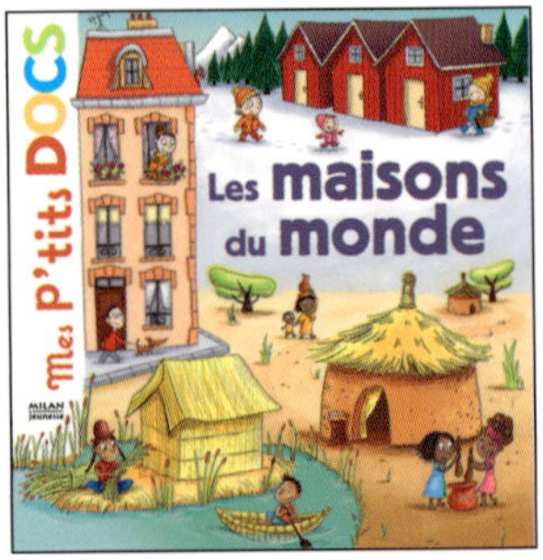

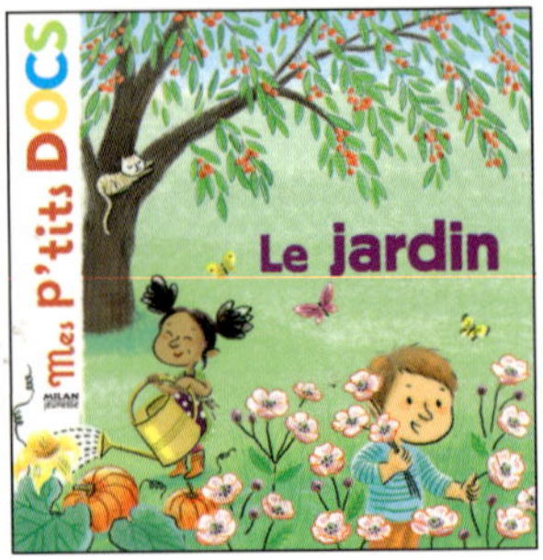

Et aussi :
Au bureau
À table !
Le bébé
Les camions
Le chantier
Les châteaux forts
Les dinosaures